UMBANDA
para Casais

UMBANDA
para Casais

Eduardo Lima

Todos os direitos reservados © 2021

É proibida qualquer forma de reprodução, transmissão ou edição do conteúdo total ou parcial desta obra em sistemas impressos e/ou digitais, para uso público ou privado, por meios mecânicos, eletrônicos, fotocopiadoras, gravações de áudio e/ou vídeo ou qualquer outro tipo de mídia, com ou sem finalidade de lucro, sem a autorização expressa da editora.

Edição: Diego de Oxóssi e Rayanna Pereira

Dados de Catalogação na Publicação

L732u	Lima, Eduardo
	    Umbanda para casais: 10 conselhos dos espíritos para uma família feliz / Eduardo Lima. - São Paulo : Arole Cultural, 2021.
	
	    ISBN 978-65-86174-11-3
	
	    1. Religiões afro-brasileiras. 2. Umbanda. 3. Espiritualidade. 4. Religiões de matriz africana. 5. Relacionamentos amorosos. 6. Casais. I. Título.

2021-645	CDD 299.6 CDU 299.6

Elaborado por Vagner Rodolfo da SilvaCRB-8/9410

Este livro pertence a...

_____

Deste momento em diante, me comprometo a buscar a felicidade e o amor em atitudes, pensamentos e palavras para que, através delas, eu seja capaz de transformar a mim e às pessoas que amo, em busca da felicidade!

Nêgo no tronco achou alento
A dor não o consumia
Mais que seu grande sofrimento
Nêgo apenas sentia.

A última chibatada que ardia
A última lágrima que corria
A última dor que sentia
Nêgo apenas sofria.

Nêgo na Aruanda chegava
Seu corpo já não doía
Vivendo a eterna alegria
Nos braços da Virgem, sorria!

Sumário

Introdução 17
Uma vida com propósito 20
Antes de começarmos... 26
União 28
    Para refletir...................................... 39
Fé... 41
    Para refletir...................................... 52
Fidelidade 54
    Para refletir...................................... 63
Confiança... 65
    Para refletir...................................... 75
Respeito 77
    Para refletir...................................... 84
Gratidão 85
    Para refletir...................................... 95

Diálogo 97
    Para refletir.. 108
Sonhos 110
    Para refletir.. 118
Proteção 120
    Para refletir.. 130
Amor 132
    Para refletir.. 142
Fechando o ciclo 144
    Para refletir.. 147
Mensagem de Pai Joaquim de Aruanda 149
Oração da família 151
Oração de proteção.................................. 153
Ritual familiar na força dos Pretos Velhos . 155
Sobre o Autor 159

Dedicatória

A todos os casais e famílias umbandistas que buscam na espiritualidade a força e a energia para formarem uma família feliz. Ao mentor desta obra, Pai Joaquim de Aruanda, que conduziu mais esse grande sonho rumo à realidade. À sacerdotisa Fernanda Pagnan e ao seu esposo, o sacerdote Carlos Eduardo Pagnan; a todos os irmãos do Templo de Luz Maria do Rosário e à minha querida esposa Debora, que faz parte desta casa abençoada, por me concederem a honra de participar dos rituais e atividades em que tive a oportunidade de ouvir e conversar com os espíritos e relatar o que foi registrado nesta obra. Gratidão!

Prefácio

Um templo religioso é o lugar que escolhemos para nos conectarmos com o Sagrado ou para nos colocarmos à disposição da crença na fé que praticamos. Independentemente da religião, o mais importante é nos encontrarmos diante da liturgia, conselhos e práticas espirituais.

Nesta obra, encontraremos sábios e engrandecedores conselhos dos anciões e ancestrais, que ressignificarão nossa forma de reverberar o sagrado, não somente para o "Eu", nosso interior, mas também para nosso cônjuge, de forma respeitosa e cheia de entendimento.

Terreiro, Barracão, Centro Espírita, Casa de Axé. Não importa a denominação dada, um templo religioso é um lugar para todos aqueles que buscam e acreditam em nossos ancestrais e nas forças da natureza. Nele, não deve haver preconceitos entre povos, etnias, raças, costumes, orientação sexual ou identidade de gênero.

Na casa dos nossos ancestrais, todos somos iguais. O diploma e o anel ficam do lado de fora, as verdades absolutas não comungam entre o grupo mediúnico, e a classe social de cada um não faz diferença. O solo sagrado é lugar acolhedor e de amadurecimentos e podas. Aprendemos com um conselho do Preto Velho, nas travessuras do Erês e até mesmo na malícia experiente dos nossos guardiões Exus e Pombogiras.

É saudável quando praticamos nossa crença em casal, mesmo que nosso cônjuge não comungue do mesmo pensar ou forma de rezar. O respeito mútuo é, afinal, muito importante para a harmonia de um casal. É importante, ainda, que mesmo quando o casal segue direções diferentes na fé, o entendimento e a compreensão pela crença um do outro prevaleçam. Não há religião melhor e nem direções melhores, pois a melhor direção é aquela que te coloca em pé e te faz crer, amar, respeitar o próximo como a ti mesmo e crer na força do divino, independentemente do ministério, porque O CRIADOR É UM SÓ, com nomes distintos, porém um só.

Aproveito o conteúdo deste livro para ressaltar que casais que falam a mesma língua na fé, falam mais alto, aprendem a caminhar com mais resiliência e resistem às ilusões do mundo material.

Minha *dijina* é Monankulu, "Filha da ancestralidade". Iniciada no Candomblé em 25/05/2014, homossexual e mãe de dois filhos, uma consanguínea e outro do coração. Sou casada e falo disso com propriedade, pois vivo a espiritualidade desde que abro os olhos pela manhã até fechá-los para dormir. Divido toda vivência com minha esposa e filhos, ensinando-lhes que não há peso e nem obrigação em relação à fé, mas devoção e amor para que não nos percamos diante dos nossos ímpetos e vontades materiais.

Em família, rezamos e realizamos toda rotina de uma casa de fé. Temos adversidades como seres humanos e isso é normal, porém a união é fundamental para que não nos percamos. As crianças falam do Caboclo com respeito e até certo receio, pois ele é presente na educação delas. E não há harmonia se não houver compreensão, maturidade, respeito e entendimento.

É isso que o autor Edu Lima carinhosamente explana em sua obra. Como sacerdotisa, responsável por conduzir uma etapa muito especial e importante de sua caminhada espiritual, em que pude dividir, ensinar e trocar vivências espirituais, sinto-me honrada em participar deste sonho hoje realizado por ele. Tenho certeza de que fará a diferença para muitos casais que queiram andar de mãos dadas pela fé e resignar juntos diante de nosso pai maior.

Renata Valieri "Monankulu Dia Nzambi"
Mametu Nkisi da Inzo Kaiango

Introdução

Quando recebi da espiritualidade a missão de falar sobre a família em um contexto umbandista, fiquei surpreso pela importância do tema e pela maneira como tudo deveria ser feito. Eu acredito fielmente que as forças que me conduzem sempre têm seus objetivos e me direcionam de maneira primorosa para que um trabalho espiritual desta magnitude seja realizado com todo empenho e dedicação que toda família merece.

Falar dos pilares que sustentam uma família feliz foi um dos acontecimentos mais importantes de minha jornada. Todos os aprendizados e ensinamentos estão marcados em minha alma e tenho certeza de que levarei comigo para toda eternidade. Os conselhos dos espíritos, as conversas e as experiências contidas neste livro, foram fruto de muito trabalho, preparo e dedicação, para que fossem transmitidas de maneira fiel à forma como a espiritualidade instruiu.

Tenho certeza de que todos aqueles que se permitirem passar por essa jornada junto comigo através destes ensinamentos e refletir profundamente sobre o que os amorosos espíritos revelaram, certamente quando chegarem ao final da última página, serão pessoas transformadas pela energia e sabedoria de nossos Guias, Mentores e Mestres espirituais.

Seja bem-vinda, família umbandista!

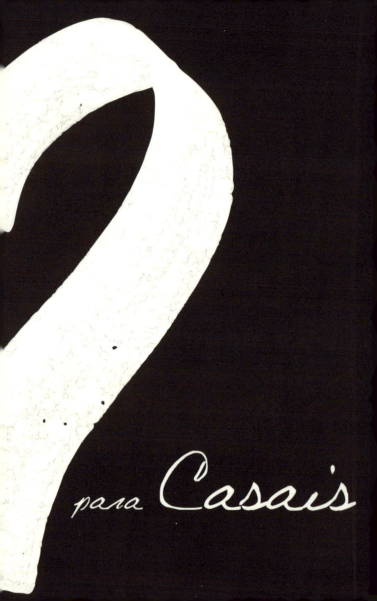

Uma vida com propósito

Acredito que a vida é uma grande estrada feita de escolhas e consequências e, quanto mais assertivos formos durante nossa jornada, mais bela e perfeita será a estrada da vida que percorreremos. Neste sentido, encontrar um propósito é dizer para si que a maneira como queremos percorrer essa estrada é fundamental, é o que fará com que o caminho seja feliz e agradável.

Mas o que isso significa?

Propósito significa, resumidamente, um objetivo. Aquilo que se quer alcançar ou atingir. Sendo assim, o propósito deverá ser a bússola que norteia toda a jornada que apresentarei nas páginas seguintes. O que quero dizer é que cada um de nós deve, antes, compreender a importância de saber o que se quer e o que se deseja para a vida.

Este tipo de pensamento desperta a consciência necessária em nós mesmos para identificarmos o que nos faz felizes e, consequentemente, movimentarmos as energias necessárias para fazer acontecer ou trazer à realidade aquilo que desejamos. Vamos sair do mundo das ideias e dos sonhos e fazer com que nossos objetivos se tornem vivências e experiências extraordinárias em nossa passagem por este plano.

Isso não significa, porém, que não teremos dificuldades ou que não enfrentaremos situações de adversidades em nossas vidas. Ao contrário, estaremos sujeitos a passar por situações como todas as demais pessoas. No entanto, veremos no horizonte uma luz que nos conduzirá a um objetivo maior e muito importante para nosso progresso.

Ter uma vida com propósito é bater forte no peito e dizer: *"eu sou capaz de ser feliz, eu posso ser feliz e me permito viver intensamente todos os momentos de prazer e alegrias que conquistei"*.

Gosto muito de uma frase de Sri Prem Baba que diz que *"ter consciência do propósito é sinônimo de ter consciência do serviço, pois o seu propósito nada mais é do que o serviço que você veio prestar à humanidade"*. Trazendo esta frase para nosso contexto, gostaria que o amigo leitor pensasse que o propósito nada mais é que o serviço que você veio prestar a você mesmo. Seu maior ato de caridade sempre será com você mesmo, com seus objetivos, valores e ideais de vida. Ajudando a curar a si, crescer e tornar-se uma pessoa melhor, com certeza você se tornará apto a ajudar ao próximo e a estender uma mão amiga a quem precisa nos momentos de dificuldades.

Além disso, o propósito em família cria fortes vínculos entre as pessoas do lar e fortalece a união e o compartilhamento de ideias, diálogo e soluções dos problemas rotineiros da vida cotidiana. Uma família feliz aprende a superar as adversidades porque estão unidos pelo mesmo pensamento e pela mesma energia auxiliadora, pois seus membros sabem a importância e o papel que cada um desempenha para a edificação dos principais pilares que conduzem à felicidade.

E são esses pilares que apresento como ensinamentos dos Guias, Mestres e Mentores Espirituais. Nossos amados Mestres estão atentos a todas as nossas necessidades e trouxeram grandiosas pérolas em forma de conselhos e experiências. Com eles, desejo que, assim como eu, também meus amigos leitores tenham em mente que o maior propósito de vida é ser feliz. Essa é a principal meta que trago em minha vida pessoal e, ao longo desses anos, tenho colhido os frutos e as bençãos de ter uma vida plena e com propósito.

Antes de começarmos...

Tire um momento para refletir e meditar sobre o que você leu até aqui. Ao fazer isso, usando um lápis ou caneta, preencha as linhas abaixo e responda:

Qual é o seu propósito nesse momento da vida?

_____
_____
_____
_____
_____
_____
_____

União

"O que vence a dor da chibata é a união..."
(Vó Maria do Rosário)

Estava em um ritual de Umbanda apreciando todo o trabalho dos irmãos e sentindo aquela energia gostosa em meio ao cheiro de incensos e do defumador, junto com os lindos pontos cantados, o toque dos tambores e toda alegria que este ambiente mágico proporciona, um misto de felicidade e contemplação. Por alguns minutos, fechei meus olhos, respirei fundo e me conectei com a espiritualidade, pois sabia que receberia um aprendizado importante, que faria toda diferença em minha vida. Entrei em estado meditativo e, no silêncio de minha mente, apenas ouvi daquela linda e amorosa preta velha, Vó Maria do Rosário, a seguinte frase: *"o que vence a dor da chibata é a união, meu filho!"*.

Eu buscava conselhos dos espíritos para que conseguisse, de alguma forma, sustentar este trabalho de colocar no papel o que a espiritualidade direcionava. Até então, eu apenas havia recebido dos meus mentores, principalmente de Pai Joaquim de Aruanda, o tema que deveria abordar e a mensagem de que, com o tempo, algumas entidades me procurariam de forma amorosa para direcionar os conselhos pertinentes que pudessem basear esta obra.

Para minha surpresa, tantos conselhos salutares e edificantes me foram transmitidos nesta gira que, ao final do trabalho, estava em tamanho êxtase que não conseguia esconder minha felicidade. Meu coração não cabia no peito, tamanha a alegria de vivenciar a esplendorosa força da espiritualidade em ação.

Ali, envolto com minhas reflexões, naquele ambiente mágico de amor e devoção, meditando profundamente neste conselho de Vó Maria do Rosário, recebi um grande aprendizado que, apesar de parecer simples, comumente deixamos apenas na teoria. Não colocamos em prática, seja no trabalho, com amigos, nem, o que deveria ser o principal, com nossa família: a união familiar abrange laços, parcerias, amizades.

Para um casal, isso começa com a aliança. Não o objeto propriamente dito, mas a aliança entre duas pessoas que estão se unindo para gerar uma família. Uma aliança eterna que transmite um significado mais profundo e que, baseada na fé e no amor, transcende todas as barreiras e dificuldades da vida e mostra a todos que é possível haver uma união forte, sólida, que respeita a individualidade de cada um, e que, acima de tudo, tem seus indivíduos trabalhando em benefício da família. Esse é um dos principais pilares de sustentação de um casal e de uma família feliz.

A conversa com Vó Maria do Rosário foi edificante. Recebi desta amada Preta Velha conselhos e histórias sobre sua vida quando encarnada que tocaram fundo o coração e a alma. Em meus momentos meditativos ou meus devaneios, como gosto de chamar, fui remetido à época das senzalas, dos negros cativos, da dor da chibata e do sofrimento. Vivenciei um pouco de tudo o que aquele espírito, que agora estava ali me aconselhando amorosamente, sofreu nos dias de cativeiro. Foi doloroso perceber o quanto ela teve de renunciar à sua família para fazer os trabalhos pesados nas lavouras de café ou trabalhar na casa grande suportando os desaforos e dissabores em total silêncio.

Renunciar sua família significava abrir mão de seus filhos e marido, ficar longe deles durante todo o dia ou até mesmo vários dias seguidos, apenas imaginando o que de pior poderia ter acontecido, aguardando o terrível momento que teria de cuidar e limpar suas chagas. Mas o sentimento pelo seu grande amor era tão forte que todos os momentos de união, de encontro, eram únicos e inesquecíveis, visto que raras eram as vezes que poderiam aproveitar destes instantes de fuga da vida restrita a que eram submetidos. Tudo isso era motivo de reverência e agradecimento aos Orixás, porque a união de ambos era mais forte que as dores da vida.

Por outro lado, também não pude deixar de perceber que nos dias em que se encontravam para realizar suas festividades e comemorações religiosas, o canto, a dança, o toque dos tambores e a chegada das divindades e dos ancestrais eram motivos de festa, de alegria. A união do povo gerava o refrigério na alma, mesmo que por alguns instantes, e com isso, aliviava o sofrimento a eles imposto.

Foi assim que compreendi o quanto somos privilegiados e quantas oportunidades temos para trazer essa energia de união para nossa vida familiar e fazer a diferença para nós e para todos os que estão ao nosso redor. Aqueles e aquelas que correm ao nosso lado nas adversidades da vida e que torcem para que consigamos quebrar os grilhões que nos acorrentam em nossa jornada nesta terra. Por isso afirmo: a união está fundamentada no amor do casal, que é algo sublime e um dos sentimentos que mais se aproxima do Sagrado.

Saber cuidar e manter esta chama viva é responsabilidade de todos os envolvidos, pois somente essa chama os conduzirá à plenitude. Desta forma, já não poderão ser seres distintos um do outro, mas estarão unidos pela espiritualidade e prontos para cumprir a missão que lhes foi confiada no momento da reencarnação neste plano terrestre.

Quando uma família feliz valoriza o sentimento da união, o saber cuidar significa estar atento aos perigos da vida moderna, que a cada dia têm prejudicado e minado as relações familiares em diversos lares mundo afora. Nossos dias são muito difíceis e a rotina da vida acaba desgastando os relacionamentos. Ao mesmo tempo, apesar de úteis e importantes, os equipamentos tecnológicos, sofisticados e de última geração, têm afastado muitos casais e filhos do seio familiar: embora convivam sob o mesmo teto, cada um vive em seu mundinho virtual, independentemente de estar fisicamente lado a lado.

Nesse cenário, o tempo parece cada vez mais escasso. Por isso, é fundamental fazer com que as poucas horas que compartilhamos com nossos familiares sejam as mais proveitosas possíveis. Quando uma família é forte e tem a união como norte em sua vida, não há nada e ninguém que a derrube.

Valorize cada momento ao lado dos seus filhos e de sua esposa ou marido. Tenha objetivos familiares e momentos únicos de convívio, pois sabemos que a felicidade é um processo difícil e que deve ser conquistada e construída a cada dia na vida de um casal. Deixe que o amor e a alegria façam parte da vida cotidiana, da rotina e de tudo aquilo que envolve a família. Tenho certeza de que, assumindo esta postura e trazendo hábitos salutares e exemplos edificantes para dentro do lar, cada vez mais veremos casais e famílias bem estruturadas e felizes, que se apoiam mutuamente e que vibram na mesma energia de união e amor.

Por mais trabalhoso que possa parecer, tenho certeza de que, quando os momentos felizes se tornarem constantes, você perceberá o quanto valeu a pena todo esforço realizado em benefício de todos. É incrível sentir tudo isso, toda essa energia de amor e alegria. Ainda mais incrível é saber que, quando parei para meditar sobre o assunto, percebi que Vó Maria do Rosário mostrou que a união é um dos pilares fundamentais para uma família feliz, direcionadora e acima de tudo um maravilhoso encontro com o sagrado no seio familiar.

Adorei as Almas!

Salve os amados Pretos Velhos!

Para refletir...

Pensando a respeito das lições sobre UNIÃO aprendidas neste capítulo, responda para você mesmo:

Como você poderia aproveitar melhor os momentos em família?

_____
_____
_____
_____
_____
_____
_____

Fé

> "O culto no lar edifica a família
> e a comunhão na fé."
> (Zé Pelintra)

Sabe aquela cantiga que diz assim: *"Saravá Seu Zé! Ele sempre ajuda quem nele tem fé!"*? Linda, não é? Seu Zé Pelintra é o ícone maior de fé e devoção dentro de uma gira ritualística. É incrível como ele consegue, com seu jeito malandro de ser, captar a atenção de todos os presentes e transformar tudo em festa. Não uma festa qualquer, mas uma festa onde o profano e o sagrado se distinguem, especialmente por essa força de atuação que transforma qualquer energia deletéria em energia sublime, transmitindo a força dos sagrados Orixás e as poderosas qualidades divinas manifestadas no famoso mestre da Jurema.

Em meus devaneios, ou seja, aquele momento meditativo que estava no terreiro, Seu Zé se aproximou de mim, muito calmamente assentou-se e acendeu um cigarro de palha, me cumprimentou e tranquilamente começou sua explanação a respeito da fé e da importância de expressá-la no lar e com a família. Foi um instante único, que nunca esquecerei e que fez a diferença para este trabalho ímpar. Afinal, o amor e apreço que tenho por Seu Zé são tão grandes que chego a arrepiar só de relembrar este grandioso encontro.

Conversamos sobre fé, os Orixás e os trabalhos dos Malandros nas ritualísticas de Umbanda. Seu Zé, com seu jeito malandro, mas amoroso de ser, me trouxe luz e esclarecimentos, uma ótica diferenciada sobre a maneira como cultuamos nossos Guias e Mentores espirituais. Aqueles instantes pareceram horas - é incrível como o tempo é relativo quando estamos nos trabalhos espirituais.

Como um filho de Zé que sou, logicamente tentei narrar os fatos da maneira mais fiel possível, preservando a integridade e as informações que foram passadas, para que o leitor possa aproveitar como eu esse grandioso ensinamento de Mestre Zé Pelintra. Com base nas conversas e ensinamentos do Seu Zé, vamos delimitar o amplo e extenso conceito de fé, que difere em sua profundidade nas mais diversas doutrinas e religiões professadas em nosso plano. Vamos falar do conceito da fé em ação, que é uma fé viva e vibrante, não uma fé cega, na qual pessoas são conduzidas de maneira aleatória pelo simples medo de arder no inferno ou de perder suas almas pela força do pecado.

A fé em ação traz à existência coisas que consideramos não existirem. Ela torna possível o manifestar da espiritualidade neste plano da matéria. Além disso, muda vidas e transforma pessoas, tornando-as seres cada vez melhores e mais evoluídos, que vivem intensamente cada dia de suas vidas para o sagrado.

Essa fé transcende o espaço-tempo e tem o poder de abrir nossas consciências para o mundo espiritual. Assim, somos capazes de perceber a grandiosidade da criação e dos vários planos e dimensões existentes, as quais podemos sintonizar para buscarmos a força necessária para as batalhas diárias de nossas vidas.

A fé que cura, que salva, que arde no íntimo de nosso ser a cada gira aberta, a cada reza feita, a cada passe que recebemos, a cada palavra do espírito que ouvimos, a cada toque do tambor, a cada ponto cantado. Ao sentirmos o cheiro do defumador ou mesmo do charuto do Exu, que faz nosso corpo arrepiar e que traz a energia necessária para bradarmos com força do fundo de nosso coração: "*Saravá, Umbanda*"!

Eu creio nesta fé que reflete a luz divina com todo seu esplendor e nos mostra que o culto umbandista é forte e intenso. Que traz a manifestação das forças da natureza e dos sagrados Orixás e em nada é menor ou menos divino do que os demais cultos religiosos dominantes de nossa terra.

Creio nesta fé que traz a manifestação de espíritos para a prática da caridade. Que não julga, que não condena, mas que acolhe com amor e olha com apreço para aqueles que estão à margem da sociedade, querendo ser reconhecidos como parte do todo. Esse é o conceito de fé que sempre vou levar e professar em minha vida: a fé em ação.

Baseado neste conceito, fica claro que, ao edificarmos um culto no lar, estamos priorizando nossa família e estabelecendo a comunhão na fé. Mas o que quero dizer com isso? Será que devo tocar uma gira em casa? Devo dar atendimento em meu lar? Devo incorporar em casa para saber o que meus guias espirituais têm a dizer?

A resposta é absolutamente NÃO, de forma alguma!

Tudo isso se faz no terreiro, que é o espaço sagrado preparado para estes momentos. Ainda assim, o que você deve saber é que estabelecer uma rotina de contato mais profundo com seus Guias Espirituais é fundamental para o aprendizado, direcionamento e crescimento da família como um todo.

Por isso, é importante que você tenha o seu altar pessoal em casa, para que possa aprofundar o seu contato com os espíritos e criar um sentimento mais intenso de religiosidade e respeito para com os Guias, Mentores e Mestres. Afinal, estabelecer uma rotina para louvá-los e agraciá-los com sua presença diante do altar é demonstrar a importância que o Preto Velho, o Caboclo, o Exu, todos eles têm em sua vida, em meio às turbulências e aos problemas da rotina diária.

Muitas vezes, vivemos no automático, inertes ante as adversidades da vida, trabalho, estudos e outras coisas que roubam nossa energia e nos fazem ficar distantes do culto no lar. Porém, esse é exatamente o momento em que devemos buscar forças em nosso interior para nos aproximar de nossos Mentores. Por isso é tão importante estabelecer vínculos mais profundos e criar uma egrégora familiar poderosa, que possa proteger o lar e todos os que nele habitam; além disso, o culto no lar cria o senso de respeito mútuo e de responsabilidade de cada um em relação a todo o ritual que será realizado. Afinal, quando estamos em conexão com o sagrado, estamos zelando por nossa família e pela comunhão de todos.

Então, aproveite esses momentos para meditar, acender uma vela para seu Anjo da Guarda ou mesmo para seus mentores e Orixás. Crie o hábito de acender incensos, pois eles criam uma atmosfera mais espiritualizada para o ritual. Algumas pessoas podem, ainda, ler o Evangelho Segundo o Espiritismo, ou mesmo a Bíblia, dependendo da vertente umbandista que praticam. Converse com os membros da família sobre assuntos e experiências de cada um com a espiritualidade, para que possam edificar a fé e o culto no lar. Faça isso em meio a este clima de energias que vibram para trazer as bênçãos espirituais para nossas vidas.

Entenda e seja consciente que louvar o Sagrado no lar é diferente de abrir uma gira para incorporação e atendimentos de consulentes. Isso deve ser feito no templo, terreiro ou espaço destinado para este fim. O lar é o SEU espaço sagrado e não deve de forma alguma substituir o papel e a função que o terreiro desempenha para a religião de Umbanda.

Lembre-se: seu lar e sua família são seus bens mais preciosos e devem ser protegidos e zelados com todo o cuidado e apreço, conforme instruído pelos Guias, Mentores e Mestres espirituais.

Salve a Malandragem!

Salve Zé Pelintra!

Para refletir...

Pensando a respeito das lições sobre FÉ aprendidas neste capítulo, responda para você mesmo:

O que posso fazer hoje para fortalecer a prática da fé em família?

_____
_____
_____
_____
_____
_____
_____

Fidelidade

"Fidelidade é uma eterna aliança"
(Maria Padilha das Almas)

Tudo neste mundo da matéria e no mundo espiritual é energia em estado vibracional que se complementa e ressoa harmoniosamente criando uma perfeita conexão interdimensional. É impressionante perceber como a espiritualidade trabalha de forma conjunta, parecendo elos de uma forte corrente que direciona aos seus filhos preciosos conselhos, capazes de alterar nosso padrão vibratório e mudar os rumos de nossas vidas.

Nossos Guias e Mentores espirituais sabem disso e, agindo de forma conjunta, captam as informações necessárias e que precisam ser reveladas para nosso favorecimento, sempre respeitando, contudo, os níveis hierárquicos superiores e as instruções dos mestres ascensionados nestes planos. Foi nesse sentido que se deu minha conversa com a Senhora Maria Padilha das Almas. Tão perfeita e diretamente ligada a um dos temas que tratamos anteriormente, foi assim que ela aconteceu...

Depois de me perguntar de forma audaciosa, quase petulante, se eu sabia qual é o real significado da palavra fidelidade, não me dando nenhum tempo para responder, soltou uma linda gargalhada e, olhando fixamente nos meus olhos, afirmou: *"fidelidade é uma eterna aliança entre duas pessoas que se amam e que não têm mínima ideia do que isso significa"*. Disse isso e saiu gargalhando e girando ao forte som dos tambores e do lindo ponto de Pombagira que era entoado. Fiquei perplexo com o que ouvi e a forma como tudo aconteceu!

Contudo, a espiritualidade é perfeita e nunca nos deixa sem respostas. O que a Senhora Pombagira Maria Padilha queria era que eu refletisse sobre o assunto por um tempo até que, posteriormente, outras informações valorosas seriam me passadas para que se fechasse o ciclo de entendimento e, assim, eu conseguisse organizar o pensamento de maneira clara para o leitor sobre o real significado de suas palavras.

Depois de algumas reflexões, ficou evidente para mim que não deveria falar de infidelidade. Aliás, já sabemos as consequências que tal comportamento pode acarretar para o casal e para os membros da família (além das consequências espirituais e energéticas que este tipo de atitude atrai). Entendi, portanto, que deveria abordar a fidelidade no âmbito do que ela propicia na construção de uma família feliz e cheia de axé.

Vamos percorrer a trilha com atitudes positivas e benéficas que possam ser internalizadas, gerando um padrão vibratório que traga esta força energética capaz de modificar nossos campos mentais e os tipos de pensamentos a fim de que eles favoreçam não somente a interpretação, mas também o profundo entendimento do que é fidelidade, segundo os ensinamentos da Senhora Maria Padilha das Almas.

A fidelidade não envolve apenas a relação homem-mulher em si, mas está atrelada a todas as áreas de nossa vida, seja ela financeira, espiritual ou sentimental. Quando falamos em fidelidade, estamos enfatizando uma virtude que pode ser interiorizada por meio de nossos comportamentos e atitudes. É por isso, justamente, que dizem que ao lado de um homem bem-sucedido caminha sempre uma mulher forte, empoderada e que sabe conduzir a família nos caminhos da sabedoria e do amor. E o contrário também é verdadeiro! Um homem forte honra sua esposa e cuida de sua família.

A virtude, qualquer que seja ela, está em conformidade com o bem que se deseja e que se pratica a quem se ama, com uma conduta que demonstra aos familiares e ao cônjuge o tipo de comprometimento que temos e que desejamos para o sucesso do bem-estar familiar. Para que isso se torne realidade, temos que ser transparentes e coesos, pois a fidelidade exige isso de nós: é uma questão de saber nossos limites, conhecer nosso poder de superação e buscar forças para que possamos transcender todas as dificuldades que porventura nossa natureza humana possa incutir em nossas mentes fracas.

Todos sabemos que a mente pode ser uma poderosa aliada quando nos mantemos em perfeito estado de equilíbrio, mas também pode se transformar em uma poderosa arma contra nós mesmos quando abrimos nosso escudo protetor e damos margem para o acoplamento de energias nocivas, que trabalham negativamente em nossa mente e nos conduzem às estradas da loucura e do total desequilíbrio. Como resultado, temos atitudes contrárias à mensagem de amor transmitida por nossos Mentores Espirituais e a todo trabalho realizado por esses poderosos espíritos que nos conduzem arduamente nas sendas da evolução.

Neste sentido, seria mais proveitoso atentarmos para o conhecimento de nós mesmos, o que é importante para nossas vidas, como queremos estar futuramente e o que precisamos fazer para que isso aconteça, além de termos consciência do que buscamos e queremos dos Guias, Mentores e Mestres. Por fim, o principal pilar para uma família feliz, a fidelidade, deve ser cultivada. Atitudes e comportamentos gentis e amorosos e demonstrações de carinho e cuidado são sementes fortes para o solo fértil da fidelidade, que germinarão e crescerão proporcionando belos e magníficos frutos no âmbito familiar.

Cultivar a fidelidade exige tempo, dedicação e um árduo trabalho de lapidação do casal, além de autoconhecimento e força espiritual para vencer todas as barreiras e alcançar o fortalecimento do amor familiar. Como nos foi revelado pela Senhora Maria Padilha das Almas, lá no começo de nossa narrativa:

"a fidelidade é uma eterna aliança, que tem um começo, mas não necessariamente precisa ter um fim". Esse é seu precioso conselho que poderá, então, nos conduzir pelo caminho da felicidade.

Laroyê, Pombagira!

Para refletir...

Pensando a respeito das lições sobre FIDELIDADE aprendidas neste capítulo, responda para você mesmo:

De que maneiras posso demonstrar mais apoio e lealdade a quem amo?

_____
_____
_____
_____
_____
_____
_____
_____

Confiança

> "Confiança e honestidade são
> princípios dos fortes."
> (Tranca Rua das Almas)

A confiança, junto com a união, fé e fidelidade, conforme abordamos anteriormente, cria valores espirituais importantes para tornarmos nossa família uma verdadeira fortaleza contra qualquer tipo de maldade ou energia nociva. É importante observar, porém, que ao falarmos de confiança, estamos também abordando outros dois princípios: honestidade e integridade. Esses três pilares são fundamentais para a edificação de casais felizes e famílias fortes.

Se juntarmos a essa fórmula o amor incondicional do casal pela família, veremos na prática como funcionam os ensinamentos dos espíritos em relação às verdadeiras egrégoras de poder que são formadas pelos membros da família quando, de fato, estão na mesma sintonia e na mesma energia de fé para manifestar o que é mais importante no seio familiar: valores espirituais que edificam, agregam e solidificam uma família feliz.

O princípio de honestidade nos ensina que devemos ser verdadeiros com nós mesmos e com todos aqueles que nos cercam, principalmente, com as pessoas mais próximas de nós, os membros de nossa família. Isso implica em sempre falarmos a verdade, por mais difícil ou terrível que ela possa parecer.

É fácil falar a verdade quando tudo vai bem ou quando não temos nada ameaçador que possa nos induzir ao erro. Mas falar a verdade quando os problemas de fato surgem e podem ameaçar nossa reputação, isso, sim, é uma prova incontestável de caráter e honestidade que fará com que as pessoas possam confiar verdadeiramente em nós. Se trabalharmos para criar um elo indestrutível, sermos verdadeiros e transparentes só irá contribuir para este árduo trabalho de edificação dos valores espirituais mais importantes para nossa corrente familiar e nossa jornada da vida.

Voltando um pouco para nosso momento de meditação, tive a felicidade de poder andar lado a lado com o Senhor Exu Tranca Rua das Almas. Era uma noite fria, e uma lua cheia brilhava imponente no céu quando, subitamente, me encontrei em um desdobramento fora do corpo e fui levado para frente de um majestoso cemitério. Um grandioso portão de ferro à minha frente, com enormes tochas de fogo em cada lado, me convidava a adentrar aquele espaço sagrado, com a promessa de que havia algo surpreendente à minha espera.

Não demorou para que eu me recuperasse do espanto e já fui fazer o que tinha que ser feito. Antes, tomei os devidos cuidados ao adentrar este espaço sagrado: saudei o Senhor Exu 7 Porteiras, pedindo permissão para entrar no ambiente e, após uma ligeira confirmação, entrei no cemitério olhando para o meu lado direito e saudando o Senhor

Exu Caveira, que apenas me olhou com sua face sinistra e baixou a cabeça novamente. Entendi que deveria continuar e passei a olhar para o meu lado esquerdo, onde saudei o Senhor Exu Tatá Caveira, que sem dizer uma palavra me apontou a estrada que levava ao Cruzeiro das Almas.

Percorri todo esse caminho apenas com o luar em minha companhia, andei por alguns minutos naquela escuridão e logo avistei o grandioso Cruzeiro, rodeado por homens de capas pretas e mulheres, algumas de vestidos totalmente pretos, outras com detalhes em vermelhos e algumas outras em verdadeiros farrapos. Porém, todas eram muito belas e atraentes, apesar do olhar sinistro e penetrante, daqueles que cortam a alma. Pouco antes de me aproximar daqueles Senhores e Senhoras, veio ao meu encontro um homem forte usando uma bela cartola e uma linda capa longa preta e vermelha, com uma adaga presa à sua cintura e um charuto robusto em suas mãos.

O homem se apresentou a mim como o Senhor Exu Tranca Rua das Almas e, a essa altura, percebi que todos à minha volta me olhavam como se me conhecessem. Ele, com uma voz forte e gutural, apenas disse que eu me tranquilizasse, pois era reconhecido nos sete reinos da Quimbanda como filho de Sua Santidade Maioral e de Exu Tranca Rua das Almas. Continuamos nossa caminhada! Parecia que muito tempo já havia se passado do momento em que entrei pelos portões do cemitério até o encontro com meu Guardião, mas como a noção de tempo nas viagens astrais é relativa, então continuei a focar no objetivo principal que me conduzia até aquele espaço.

Em nossas conversas, o Senhor Tranca Rua das Almas me falou sobre as guerras astrais travadas com espíritos maldosos, cujo objetivo era apenas propagar a desgraça e a infelicidade no mundo. Falou de confiança no campo de guerra e como compadres de senda se tornam verdadeiros aliados quando os princípios que os norteiam são os mesmos: a honestidade e a integridade com a falange a qual pertencem. Ele também me fez uma breve explanação sobre energias e formas plasmadas e como podemos nos proteger dos efeitos nocivos das entidades negativadas. Escutei tudo muito atentamente e, quando estava pronto para perguntar muitas coisas, ele me olhou nos olhos e disse que era hora de voltar, mas que eu deveria refletir sobre suas palavras e as histórias que me contara.

Confesso que fiquei um pouco desapontado naquele momento, mas Exu sempre sabe o que faz. Quando retornei, após ter me recuperado da viagem, passei a colocar tudo que lembrava no papel para que pudesse relatar nestas páginas da forma mais fiel possível.

O princípio da integridade nos ensina que sempre devemos fazer o que é certo, para nós e principalmente para o próximo. Independentemente da situação na qual nos encontramos, a integridade molda o nosso caráter, que, por sua vez, direciona nossas ações. Além de fazermos o que é certo, devemos fazer o que é moralmente correto segundo nossas crenças e ensinamentos espirituais.

Nesse sentido, o casal que busca se manter íntegro alcança com determinação a força que transcende qualquer forma de energia de seres negativados que visam à destruição de um lar e de uma família que vive em perfeita harmonia. Este princípio nos direciona e orienta a reconhecermos nossas fraquezas e assumirmos nossas responsabilidades sem *mea-culpa*, criando um alicerce forte capaz de nos sustentar quando formos colocados à prova pelas adversidades da vida.

De tudo o que aprendi durante essa experiência, ficou, então, a maior lição: busque o conhecimento espiritual, siga as instruções daqueles que sempre estão ao nosso lado, protegendo-nos e guardando-nos, pois eles, sim, sabem perfeitamente o que precisamos para guerrear e sairmos vitoriosos das grandes batalhas às quais somos submetidos diariamente em nossas vidas. Como disse o Senhor Tranca Rua das Almas: confiança e honestidade são os princípios dos fortes! Esses, sim, poderão brindar com os grandes o gosto bom da vitória.

Laroyê, Exu!

Para refletir...

Pensando a respeito das lições sobre CONFIANÇA aprendidas neste capítulo, responda para você mesmo:

O que tem me impedido de demonstrar minhas fraquezas àqueles que amo?

_____
_____
_____
_____
_____
_____
_____

Respeito

> "Acenda a fogueira do coração
> com as tochas da sabedoria."
> (Cigana da Estrada)

O respeito é mais um pilar importantíssimo na construção de uma família feliz. Demonstrar afeto, carinho e amor entre o casal é imprescindível para a manutenção de uma relação estável; no entanto, é o respeito que mantém a chama do amor viva dentro dos corações apaixonados.

Penso que é interessante falarmos de respeito com base em um conselho da Senhora Cigana da Estrada! Mas, por que penso assim? Ora, desde os tempos mais remotos os Ciganos sempre foram um povo excluído da sociedade. Lendas e mistérios acerca deste povo intrigam diversos estudiosos que buscam a procedência dos clãs ciganos. Algumas lendas dizem que são descendência direta de Caim e, por este motivo, estão destinados a perambular pelo mundo. O que a realidade mostra é que sempre foram um povo sofrido, perseguido e maltratado, nunca tiveram apoio ou quem lutasse pelas suas causas; além disso, foram duramente desrespeitados como integrantes da sociedade.

Ao refletir sobre essas questões e sobre a maneira como vivem, penso que um espírito cigano não teria sentimentos que lhes pudessem tocar o coração ao ponto de estender a mão para o ato caritativo. No entanto, estes são pensamentos racionais e intempestivos, que não condizem com a linha dos ciganos e o belo trabalho que realizam na Umbanda.

O mundo espiritual é perfeito em tudo e com o povo cigano não poderia ser diferente! A Umbanda abraçou e acolheu este povo em sua essência e hoje temos a oportunidade de participar de lindas festas e trabalhos magníficos, graças ao conhecimento da magia cigana que nos foi presenteado por meio do trabalho caritativo desse povo, que demonstra grande evolução espiritual e respeito por todos aqueles que se aproximam deles, sem distinção de classes, credo ou raça.

Respeito significa consideração ou reverência. Este último termo retrata bem o tipo de atitude que devemos ter em relação ao nosso cônjuge e familiares. Geralmente prestamos reverência a uma entidade, Orixá e no altar, para iniciar os trabalhos mediúnicos. Este tipo de reverência é sagrado e, por isso, o fazemos com todo nosso apreço e devoção. Neste prisma, falar sobre o respeito no âmbito do casal e da família pode parecer algo simples e até fácil de ser praticado, pois não sofreremos as mesmas punições severas que nossos amados espíritos ciganos sofreram no passado, não acha?

Errado! Somos seres encarnados, repletos de erros e falhas, em busca de evolução a fim de nos tornarmos pessoas melhores a cada dia para, então, quebrar o ciclo de sofrimento reencarnatório.

Questionar-se sobre o quanto sua esposa ou marido e filhos são sagrados para você ou sobre como você demonstra respeito por sua família pode revelar muito sobre a maneira como você demonstra respeitar as pessoas que tanto ama e que caminham ao seu lado todos os dias de nossas vidas.

Quando entramos para um Templo de Umbanda, somos ensinados a respeitar e ouvir os conselhos dos mais velhos e a ajudar os mais novos a trilharem o caminho da espiritualidade, para que, com o tempo, possam fazer o mesmo pelos outros. Em muitas ocasiões recebemos informações e ensinamentos, tanto dos Mentores como dos sacerdotes, que nos moldam, inserem e apresentam a este pequeno grupo que é o templo.

Assim, em pouco tempo, aprendemos a reverenciar o sacerdote e as entidades por tudo o que fazem e pela sua real importância para o culto.

Ganhamos conhecimento e crescemos na fé adquirindo sabedoria. De forma que nos tornamos capazes de entender as causas do sofrimento humano e a importância do trabalho caritativo. Percebe que o respeito ao próximo e às suas limitações está atrelado a todo o trabalho que os Guias, Mentores e Mestres fazem conosco a cada dia de gira, a cada dia de desenvolvimento mediúnico? Um árduo trabalho de modificação comportamental e mental, cujo objetivo principal é nos fazer mais sábios. Com isso, nos mostram que a sabedoria nada mais é que o exercício do conhecimento, ou seja: aprendermos a colocar em prática tudo que nos foi amorosamente ensinado por esses poderosos espíritos.

Como aconselha a Senhora Cigana da Estrada: que possamos acender a fogueira do coração com as tochas da sabedoria e, assim, ganharmos o mais belo e precioso ouro de nossas vidas, uma família feliz.

Para refletir...

Pensando a respeito das lições sobre RESPEITO aprendidas neste capítulo, responda para você mesmo:

Eu sei, verdadeiramente, respeitar as diferentes opiniões e maneiras de ser das pessoas da minha família?

_____

_____

_____

_____

_____

_____

Gratidão

"A gratidão de servir te fará evoluir..."
(Pai Joaquim de Aruanda)

É sempre muito prazeroso falar do Pai Joaquim de Aruanda, este amado e querido Preto Velho que me trouxe uma das experiências mais significativas em minha vida. O que vivemos juntos mudou minha percepção de mundo e me fez sentir algo que até então não era muito compreensível para mim: o sentimento de gratidão.

Essa linda vivência que vou relatar aconteceu em uma gira de Pretos Velhos. Nesse dia, eu havia trabalhado muito, me estressado e, consequentemente, estava esgotado mentalmente, porém não deixei isso me abater e saí do escritório rumo ao terreiro pensando no trabalho que em breve aconteceria e de que forma eu conseguiria me dedicar para cumprir a missão à qual eu tinha me proposto a realizar. Cheguei no terreiro no horário, saudei todo mundo, coloquei minha roupa branca e meus fios no pescoço. Os tambores começaram a tocar, a gira havia começado e tudo estava correndo muito bem. Senti Pai Joaquim encostar e uma poderosa energia veio de encontro a mim, uma energia revigorante e amorosa, parecendo me abraçar. Naquele instante senti um alento e um carinho muito grande; quando percebi, estava incorporado e pronto para o trabalho caritativo.

Atendemos alguns consulentes e, quando os trabalhos estavam quase acabando, Pai Joaquim falou comigo e disse que havia um grande ensinamento para me mostrar. Eu, mais que ansiosamente, me coloquei à disposição dele e aguardei as suas próximas instruções. Subitamente algumas cenas começaram a surgir em minha mente e Pai Joaquim de Aruanda narrava cada uma delas como se estivessem acontecendo naquele momento. Era algo tão real e tão impressionante que me custou acreditar em tudo que estava acontecendo.

Ele me mostrou uma parte de sua história, quando viveu na época da escravidão e era um negro não muito forte, de estatura mediana e muito bondoso com todos os irmãos em cativeiro. Neste dia que ele me apresentava, Pai Joaquim, por ter se recusado a cumprir as ordens de seu senhor, foi amarrado em um tronco de árvore em plena luz do dia. O sol ardia no céu e o calor era estonteante; mesmo assim, lá estava ele, amarrado, cansado, triste e sem camisa, à espera de seu algoz para surrá-lo até quando não tivesse mais forças.

As torturas começaram e, ainda que longe, era possível ouvir os gritos de dor e sofrimentos. A cada chibatada ele chorava. O chicote trançava seu corpo, as feridas se abriam e, quanto mais gritava, com mais força as chibatas eram dadas. Por fim, quando seu algoz já estava cansado de surrá-lo, largou Pai Velho no chão para que fosse socorrido por seus companheiros de cativeiro que estavam ali só aguardando a ordem para levá-lo e cuidar de suas feridas.

Aquela cena atravessou minha alma. Uma dor terrível me abateu, como se fosse um punhal penetrando profundamente meu ser. Meu espírito estava triste e só percebi as lágrimas caindo do rosto quando as vi molhando a vela que pai velho trabalhava. Ele, com todo o amor e a tranquilidade de um Preto Velho, tentando me consolar, apenas disse: *"Filho, não se sinta assim! A dor muitas vezes é para o nosso bem. Se não fossem as chibatadas no cativeiro, eu nunca teria chegado aqui pra trabalhar com vocês. Por isso, eu sou grato, filho! Este é meu ensinamento para você. A gratidão de servir te fará evoluir e um dia você será grande, assim como Pai Velho!"*

As lágrimas ainda correm o meu rosto toda vez que lembro este precioso ensinamento de Pai Joaquim de Aruanda. Nos dias atuais, percebo as pessoas utilizando o termo *"gratidão"* para tudo o que acontece em suas vidas, até como forma de agradecimento e de afeto.

Ainda assim, fico pensando se todos que usam essa palavra sabem o seu real significado. Será que em algum momento de suas vidas já tiveram a oportunidade de sentir, pensar e refletir sobre algo grandioso que aconteceu e que se sentiram de fato gratos?

Não sou eu a pessoa que fará julgamentos sobre isso. Quero apenas despertar, através destas palavras, a busca por tal sentimento que, de alguma forma, contribua para iluminação e crescimento de cada um de nós. A gratidão nos ajuda a crescer, muda nossa visão de mundo e nos prova que a espiritualidade age de forma justa e correta perante todos os acontecimentos de nossas vidas.

Quando despertamos nossa consciência e entendemos que fazemos parte do todo e que todas as coisas e pessoas estão inter-relacionadas, entendemos que tudo é energia que vibra, seja no mundo material ou no astral. E essas energias seguem um caminho que inevitavelmente chegará até nós, trazendo o que for de nosso merecimento. Dessa forma, é evidente a razão pela qual os espíritos pedem para mantermos boas vibrações: para que não venhamos a sofrer as consequências de nossos próprios pensamentos e ações nocivas.

Quando colocamos em nosso coração o sentimento de gratidão, estamos vibrando em uma sintonia que mudará todo o nosso entorno, todo o ambiente em que estamos inseridos. Sendo assim, o sentimento de gratidão transforma o lar, as pessoas, e proporciona grandes benefícios para o casal e todos os membros da família. O bem que plantamos é esse que vamos colher!

Independentemente do que aconteça frente às adversidades da vida, um coração cheio de gratidão por nosso lar, nosso trabalho, filhos, esposa ou marido, nos fará chegar mais perto da iluminação que precisamos para vencermos o que o mundo mais teme atualmente: uma família feliz, com pessoas que se amam verdadeiramente e que são gratas por todas as coisas que acontecem. Assim, até mesmo os percalços do caminho serão nada mais que pedras, que podem até nos fazer tropeçar, mas nunca nos derrubar.

Neste momento, a minha eterna gratidão é para com o Pai Velho, Pai Joaquim de Aruanda, que me mostra os melhores caminhos, que me aconselha e cuida de mim, que amorosamente tem me conduzido neste trabalho com muitas reflexões e conselhos, marcando meu coração para eternidade.

Salve Pai Joaquim!

Para refletir...

Pensando a respeito das lições sobre GRATIDÃO aprendidas neste capítulo, responda para você mesmo:

De quais maneiras eu demonstro gratidão pelas pessoas que amo? Elas sabem/percebem isso conscientemente?

_____
_____
_____
_____
_____
_____
_____

Diálogo

"Conversas verdadeiras
são como respostas para a alma."
(Maria Mulambo das Almas)

O diálogo é uma das grandes muralhas que impedem uma família feliz de ser bem-sucedida. Saber conversar, se entender e entender o outro, não é algo fácil de se fazer.

O diálogo envolve emoções e questões profundas de autoconhecimento, como se estivéssemos abrindo a porta de nós mesmos e apresentando ao mundo o que é guardado em oculto. Assim, o diálogo nos deixa vulneráveis, pois, para estabelecermos um vínculo emocional com quem amamos, devemos arrancar as máscaras que nos escondem e nos mostrar por inteiro. Só assim nossas esposas, maridos ou filhos nos conhecerão e saberão quem realmente somos.

Às vezes, casais que não têm esta cultura do diálogo até sentem a necessidade de conversar, mas, pela falta de prática, deixam que o momento passe, criando um certo desconforto no grupo familiar. Esse é um paradigma que pode ser quebrado e trabalhado entre todos, para que a comunicação flua de maneira tranquila e todos os momentos juntos sejam muito mais proveitosos.

Para tornar as coisas mais fáceis e fazer com que o diálogo tenha essa fluidez, precisamos atentar que o dono ou dona da casa, ou seja, a pessoa responsável pela família, precisa ter ciência de que ninguém é dono da verdade e está a todo momento certo de tudo ou sabe tudo. O diálogo não é um sermão, por isso a liberdade de expressão e o direito de falar e ser ouvido deve ser estabelecido entre todos os membros da família, cabendo aos demais ouvir atentamente o que está sendo dito, principalmente no que é falado nas entrelinhas.

Isso não significa que estamos quebrando as regras do lar ou tirando a autoridade do responsável pela família. Não mesmo! As regras existem e têm o papel de proteger o lar e preservar o bem-estar de todos. Toda família tem suas regras previamente estabelecidas, seja consciente ou inconscientemente. Na verdade, o que realmente queremos é o bem daqueles que amamos e que estão ao nosso lado torcendo pelo nosso sucesso. É dessas pessoas que, quando chegarmos em casa depois de um dia exaustivo, ganhamos um abraço apertado e ouvimos um *"eu te amo"* que aquece os nossos corações de alegria e felicidade.

Lembro do começo de meu desenvolvimento mediúnico, quando a Senhora Pombagira Maria Mulambo das Almas se apresentou a mim. Na época, eu passava por grandes mudanças em minha vida pessoal. Era um momento cheio de preconceitos e julgamentos, pois a minha iniciação na Umbanda não foi bem aceita por meus familiares, já que quase todos eram de outra doutrina religiosa. Eu entendia o porquê de tudo isso acontecer e vou tentar relatar para vocês.

Por volta de 1980, minha família era muito ligada à Umbanda e às religiões voltadas ao espiritismo e esoterismo; inclusive, tínhamos um sacerdote na família, dirigente de um terreiro. Era uma época financeiramente difícil para todos nós, mas de muita alegria. Ainda hoje lembro de que, quando não havia trabalhos no templo, meu primo e eu ficávamos na porta da frente cantando os pontos dos Guias, em uma área onde eram recebidos os consulentes. Era chamada de Caboclo, Exu, Preto Velho, mas adorávamos mesmo os pontos do Baiano, o guia-chefe da casa.

Em vez de brincar como as outras crianças daquela época, passávamos o dia inteiro ali, cantando e louvando na maior inocência, sem ao certo saber o que estávamos fazendo. Lembro ainda que ficávamos muito animados quando o Baiano estava em terra, porque, às vezes, ele nos chamava para dar um passe e nos presenteava com um pouco de sua bebida, que chamávamos de coquinho. Como aquilo era bom!

Tenho grandes recordações desta época. Éramos uma família feliz, apesar de todos os problemas e adversidades que enfrentávamos. Meu avô, embora não fosse muito religioso naquela época, adorava uma festa de Cosme e Damião e aproveitava que era dono de um bar para patrocinar todos os doces da festa. Era o que ele mais gostava de fazer! Para nossa alegria, era uma das festas que mais gostávamos, já que éramos crianças e tínhamos um grande carinho por Joãozinho, o Erê bagunceiro que jogava bolo em todo mundo e adorava dar refrigerante babado para gente. Que espírito amoroso! Quando ele queria ir embora, cantava uma linda canção para a andorinha o levar para o céu. Inesquecível!

O tempo foi passando, nós fomos crescendo, as coisas mudando e ficando mais difíceis. Não pelo fato de sermos umbandistas, isso não era problema! O problema é que ser adulto e assumir responsabilidades é algo complicado quando não se tem maturidade para assumir as consequências de seus atos. Somos responsáveis pelo que plantamos e pelo que colhemos, mas não cabe a mim julgar as decisões do passado. Cabe, porém, perdoar e ser grato por tantas memórias felizes de minha infância.

Toda a família se afastou da religião e decidiu professar uma nova fé, mais ou menos na mesma época. Apesar disso, sempre estivemos ligados de alguma forma aos assuntos relacionados com os espíritos. Hoje entendo como tudo aconteceu e os motivos que levaram a essa decisão. Mais uma vez, não cabe a mim julgar! Mas, por essas razões, quando decidi comunicar que estava frequentando um templo de Umbanda, fui duramente criticado e tive que ouvir vários sermões sobre o que era servir aos espíritos. Apenas ouvi calado!

Nesta época, a Senhora Maria Mulambo se apresentou a mim e, por muito tempo, foi minha fiel companheira. Passávamos horas conversando, nas quais ela me aconselhava sobre como eu deveria agir e reagir perante a tudo que estava acontecendo e a todos os momentos de mudança que surgiram com minha iniciação na religião. Em meus momentos de meditações, meus devaneios, ela sempre vinha para me consolar e trazer uma palavra amiga de fortalecimento para a alma. Várias vezes, cheguei às lágrimas com tudo o que ela me falava e sua maneira de me proteger.

Quase uma década se passou e hoje sou respeitado pelo que sou e pela minha fé. E me considero um vencedor! Não por pensar que isso seja uma disputa, mas por agir corretamente e por saber que, em alguns momentos, o silêncio é a melhor forma de se comunicar e por mostrar, através de exemplos, que o amor ao sagrado, os valores e a integridade são pilares fundamentais em qualquer culto religioso.

Hoje só tenho a agradecer a Senhora Maria Mulambo por todas as nossas conversas verdadeiras, que foram grandes respostas para minha alma.

Para refletir...

Pensando a respeito das lições sobre DIÁLOGO aprendidas neste capítulo, responda para você mesmo:

Qual foi a última vez
que conversei de forma sincera
com alguém que amo?
O que ele/ela disse?

_____
_____
_____
_____
_____
_____
_____

Sonhos

> "Um grande sonho começa
> com o primeiro passo..."
> (Erê Pedrinho)

Quando falamos em sonhos, estamos nos referindo aos desejos mais íntimos de nosso coração, sejam eles bens materiais, bens intangíveis ou algo que almejamos conquistar ou realizar em um dado momento de nossas vidas. São esses sonhos - ou melhor, essas metas - que fazem a nossa existência ter sentido. Que fazem valer a pena lutar a cada dia, pois sabemos que estamos trabalhando e vivendo em busca de um objetivo maior.

Os sonhos são parte fundamental dos pilares que constituem uma família feliz. Alguns sonham em ter um carro melhor, outros em ver seus filhos se formando nas melhores faculdades e se tornando profissionais bem-sucedidos. Há aqueles que buscam a viagem dos sonhos para lugares exóticos que mais parecem um perfeito paraíso na terra.

De uma forma geral, todos sonham e criam expectativas em relação ao mundo em que vivem. Sonhos movem as pessoas em busca de realizações que farão suas vidas terem sentido e despertarão o sentimento de felicidade, fazendo pulsar fortemente em nosso interior e nos conduzindo à realização do próximo sonho, criando um ciclo ininterrupto de desejos e objetivos de vida.

Quando jovens, somos grandes sonhadores e nosso imaginário transcende a nossa capacidade de realização. Isso não é necessariamente ruim, de forma alguma. Mas o amadurecimento e os ensinamentos da vida nos fazem perceber que sonhos devem ser factíveis e alcançáveis para que o desânimo e a frustração não nos acompanhem quando desejarmos traçar novos objetivos. Afinal, o importante é não pararmos de sonhar, de querer, de desejar e realizar o que anseia nosso coração.

Uma família feliz tem seus objetivos e sonhos individuais e coletivos, e canaliza todas as energias necessárias para trazê-los à realidade. Os sonhos e desejos, em consonância com a fé em ação, trabalham forças poderosas, auxiliadoras de todos os umbandistas que buscam uma vida diferenciada e de destaque. São essas energias que devemos vibrar em nossa família e em nosso interior. Mesmo quando não estamos em dias de trabalhos espirituais, devemos nos atentar para essa necessidade e procurar sintonizá-las no dia a dia.

Vamos começar pela força de Pombagira, que trabalha no campo do estímulo e dos desejos, e pela força de Exu, que é potente, realizadora e com forte poder de ação. A essas duas, vamos então juntar a força da fé, representada pelo Orixá Oxalá, que atua em nossa mente e desperta nossa consciência para a realidade dos sonhos. Com isso, estamos criando uma perfeita simbiose energética, que trabalhará os campos necessários para alcançarmos o que almejamos.

É lógico que, quando se fala em felicidade, não existe uma fórmula de sucesso única e perfeita, que funcione para todo mundo; para uma família, menos ainda. O que existe é nossa vontade e desejo de sermos felizes e de que as pessoas que amamos também sejam. Por isso, usamos tudo aquilo que a espiritualidade nos aconselha e faz chegar até nós, pois sabemos que nossos amados Guias, Mentores e Mestres sempre sabem o caminho a percorrer e as batalhas que devemos enfrentar para sermos bem-sucedidos em nossa jornada.

Somos criadores de nossa própria existência, do nosso futuro. Sendo assim, é importante sairmos do mundo das ideias e dos desejos e darmos o primeiro passo para adentrarmos em outro nível de realidade: o mundo das realizações. É esse primeiro passo que fará a diferença, pois será o impulso inicial para que outros venham a somar e nos conduzam à realização dos nossos sonhos, metas e objetivos.

Gosto muito de uma frase de Walt Disney que diz *"se você pode sonhar, você pode fazer"*. É nesse sentido que destaco a importância do primeiro passo, pois ele será o gatilho para uma caminhada de muito esforço, dedicação e comprometimento, mas também de muitas vitórias.

Este conselho eu recebi do meu Erê Pedrinho em um momento de meditação no Terreiro da Vó Maria do Rosário. Estava aguardando ansiosamente uma resposta a respeito do lançamento do meu primeiro livro e foi um período de muita inquietude, pois seria uma grande realização pessoal, talvez uma das maiores de minha vida.

Nos meus momentos de devaneios, senti alguém perto de mim e uma energia muito sutil e gostosa me abraçando. Procurei me conectar e passei a escutar umas risadinhas daquelas engraçadas e cheias de travessuras. Minhas suspeitas se confirmaram quando ele disse: *"tio, um grande sonho começa com o primeiro passo e um doce!"*. Foi meditando sobre esse ensinamento que escrevo esse relato aos amigos e leitores acerca da importância dos sonhos e do primeiro passo para realizá-los...

Mas, o que o doce tem a ver?

Bem, o doce representa a alegria de poder compartilhar essas grandiosas experiências. Esses momentos que aquecem a alma e o coração, trazendo a certeza de que mesmo sendo longo e árduo, o caminhar pode ser suave e gentil. O doce é a alegria de realizar, de ser feliz e saber que o mundo espiritual compactua com nossos sonhos, principalmente quando nos dedicamos com fé e amor na busca de suas realizações.

Como já dizia Fernando Pessoa, *"tenho em mim todos os sonhos do mundo."*. E você?

Para refletir...

Pensando a respeito das lições sobre SONHOS aprendidas neste capítulo, responda para você mesmo:

Os sonhos, planos e metas das pessoas ao meu redor estão em consonância com os meus?

_____
_____
_____
_____
_____
_____
_____

Proteção

> *"A felicidade depende de como o casal lida com as energias nocivas que guerreiam contra a família."*
> (Zé Malandro das 7 Encruzilhadas)

Em algum momento de nossas vidas, todos nós, umbandistas, já escutamos ou até mesmo falamos aquela famosa frase: *"Quem me protege não dorme!"*, não é mesmo? Particularmente, não gosto muito dela porque exalta desnecessariamente determinada entidade espiritual e sabemos de sua importância e real papel em nossas vidas. Sendo assim, isso em nada ajuda a desmistificar ou mesmo tirar o véu deturpado e fantasioso que cobre a imagem de Exu dentro do culto de Umbanda. Além disso, essa frase ainda transmite um tom ameaçador a quem a ouve, que pode porventura gerar medo e incentivar ainda mais o preconceito que existe contra nossa religião. No entanto, não podemos deixar de falar sobre a importância desses poderosos Guardiões quando o assunto é proteção e segurança familiar.

Uma família ser feliz e bem-estruturada precisa se sentir segura. Aliás, "segurança" é, a bem da verdade, um sentimento inerente ao ser humano para que consiga crescer emocional e espiritualmente, desenvolver-se e evoluir. Há casos reais de pessoas que abandonaram suas carreiras bem-sucedidas em empresas multinacionais e de grande porte, por exemplo, para se dedicarem à família e passarem mais tempo com os filhos, suprindo suas necessidades emocionais. Essas pessoas entenderam que alguns valores são mais importantes que outros e sentiram a necessidade de ressignificar suas vidas.

Não! Eu não estou dizendo que você deva abandonar tudo e viver exclusivamente para os seus familiares! Sabemos que, na maioria dos casos, isso não seria possível na vida de seres comuns como nós. O meu desejo, porém, é que você comece a descobrir o que é realmente importante na edificação da sua família.

Para nós, que temos vivências espirituais intensas e ativas, além de nossas necessidades emocionais, é importante também dar atenção à guerra que travamos contra energias nocivas e entidades negativadas - que tem como único objetivo desestruturar e destruir o árduo trabalho que fazemos para edificar nosso bem maior e mais precioso. É nesse contexto que o papel de nossos Guardiões Exus e Pombagiras é fundamental. Afinal, os espíritos dessas falanges são exímios guerreiros, que recolhem toda energia deletéria e que não vibra de acordo com o nosso merecimento, e não há ninguém melhor do que eles para identificar e lutar contra essas forças!

Ainda assim, devemos sempre estar atentos e despertos para as energias que vibramos e que circulam em nosso lar. Não sabemos exatamente como os seres negativados podem atuar e serem destrutivos, mas é certo que fazem pequenos e constantes ataques contra nossos pontos fracos, minando e desequilibrando nossas energias.

Quando isso acontece, ficamos sujeitos a pensamentos estranhos e deturpados, atitudes impensadas e comportamentos que ferem os nossos valores e agridem os que estão à nossa volta. É nesse momento, ao perceber sinais de que as coisas não estão fluindo como deveriam, que uma intervenção espiritual se faz necessária antes que essas forças negativadas atinjam toda a família e causem um dano maior no lar e na vida de todas as pessoas que nele habitam.

Para isso, converse com seu Sacerdote e com o Guia chefe do Terreiro quando perceber que algo não está fluindo. Peça aconselhamento e utilize seu conhecimento para lutar contra essas forças nocivas. Exu é energia do movimento, de realizações, é quem está mais próximo de nós e conhece nossos anseios e aflições. Sendo assim, seu dinamismo reflete na vida daqueles que o cultuam com fidelidade, lealdade e respeito. Busque intensamente a força de seus Mestres e Guardiões e mude seu padrão vibratório para retomar o caminho que conduz ao amor e à felicidade.

Há alguns anos, eu trabalhava em um Terreiro de Umbanda na zona norte de São Paulo e, nessa época, a presença de meu Mestre Zé Malandro das 7 Encruzilhadas era constante em todas as giras, trabalhos e festividades. Foi nessa época que conheci uma pessoa muito especial, que viria a se tornar uma grande amiga, praticamente uma irmã.

Lembro de uma gira em que ela chegou no terreiro um pouco tímida e sem saber exatamente o que fazer ou como agir diante de uma Entidade. Sentou-se e participou alegremente da abertura dos trabalhos, cantando, rezando e aguardando sua oportunidade de falar com os espíritos que ali chegavam para trabalhar. Nossa amiga e irmã passava por momentos difíceis em sua vida, alguns medos e traumas a assustavam, problemas na família, trabalho e, para completar todo esse contexto de dificuldades, a espiritualidade lhe exigia maiores cuidados, direcionando-a para algo grandioso, mas que só saberia depois.

Foi diante deste cenário que ela chegou até Seu Zé Malandro, buscando orientação e uma palavra de conforto que pudesse iluminar sua mente e abrir os caminhos para a solução de seus problemas. Naquele momento, Seu Zé era a luz enviada por nosso Pai Olorum para acolher, cuidar e zelar por essa filha.

Ele a abraçou com carinho e ouviu todas as suas angústias e lamentos, apreciando seu belo charuto robusto e tomando ligeiros goles de um bom e forte conhaque enquanto trabalhava com o escudo energético dela. Em determinado momento, Seu Zé Malandro perguntou: *"filha, o que é mais importante para você? O que você quer resolver primeiro?"* e ela respondeu de pronto: *"minha família!"*. Seu Zé, amorosamente olhando para ela e puxando a fumaça de seu charuto, falou: *"então vamos cuidar de você primeiro, pois você é a sustentação de sua família. É onde todos buscam proteção e alento, carinho e amor. Quando você estiver bem, tudo à sua volta ficará bem e você verá que a vida voltará a sorrir novamente"*.

É emocionante narrar este acontecimento e perceber como a espiritualidade sabe o que faz, principalmente porque tive a oportunidade de acompanhar o crescimento desta irmã e notar como se tornou uma mulher de sucesso, uma sacerdotisa empoderada, espiritualizada, com amor no coração e acima de tudo com uma bela família feliz. Só tenho a agradecer ao meu Mestre Zé Malandro das 7 Encruzilhadas por me permitir experienciar vivências tão maravilhosas como essa e tantas outras.

Os problemas existem e sempre existirão enquanto estivermos encarnados na matéria. Ao final de tudo, porém, temos a certeza na alma de que *"quem nos protege não dorme"*. Salve a Malandragem!

Para refletir...

Pensando a respeito das lições sobre PROTEÇÃO aprendidas neste capítulo, responda para você mesmo:

O que eu e minha família podemos fazer hoje para cuidar uns dos outros?

_____
_____
_____
_____
_____
_____
_____

Amor

> "Sinta todo meu amor
> em apenas um abraço."
> (Vó Maria do Rosário)

Amor. Uma palavra define o que prega a maioria das religiões do mundo. Quando em um ato de fé e religiosidade professamos o amor em nossos corações, estamos ativando um maravilhoso mistério divino em nós mesmos e é este sentimento que nos faz religar ao sagrado e toda sua essência mais pura. A fé em ação é capaz de gerar um sentimento transformador!

- Independentemente de cor, raça ou credo, o amor está em todos nós, em nossos corações, e podemos vibrar esta força mais intensamente quando optamos por vivenciar um caminho de luz. Quando permitimos que a centelha divina invada nosso ser, trazendo a pureza das ideias, dos sentimentos e de como vemos o próximo e a nós mesmos. Quando deixamos de lado todas as teorias e conceitos sobre o amor e passamos a vivenciar, através da fé, esse sentimento em nós mesmos, estamos agindo para o bem, colocando em ação toda nossa capacidade de amar ao próximo como a nós mesmos.

Falar da Umbanda é sempre muito especial para mim. É um sentimento que aquece o coração, que toca a alma e me faz lembrar o quanto sou feliz e o quanto evoluí desde o momento de minha iniciação na religião. Este é o sentimento que procuro traduzir em palavras para que todos os meus amigos leitores saibam que a Umbanda é e sempre será uma religião de paz e amor.

A Umbanda sempre foi um celeiro de crenças que abraçou diferentes doutrinas e cultos em sua formação. Por isso, embora tenha sua essência primordial, é nítido e lindo vermos como as cores, panos, rezas, rituais e orações se mesclam em alguns Templos para formarem uma energia transformadora, capaz de tocar nossos corações e despertar o melhor que temos em nosso eu interior. É importante salientarmos que cada Terreiro tem seu fundamento e, por isso, a Umbanda não tem uma codificação única. Assim, o dirigente ou o sacerdote é quem determina junto com os Mentores e Guias Espirituais o funcionamento e a forma de trabalho da casa. Mas isso não é demérito da religião! Ao contrário: a individualidade de cada Templo é sempre amparada pelos sagrados Orixás, temos a sabedoria dos espíritos e todo o mundo que nos cerca, material e espiritual, atuando diretamente em nosso favor.

Devemos sempre lembrar que a Umbanda, como religião formada pelo Caboclo das Sete Encruzilhadas, traz em sua essência a roupa branca do Espiritismo, o pai nosso e a fé do Cristianismo, a alegria dos Orixás africanos e a serenidade do Budismo, traduzindo toda essa energia em paz, humildade, caridade e amor. Podemos até mudar ou alterar certas doutrinas, rituais e procedimentos em um culto religioso, sabemos que a Umbanda está em constante transformação, crescimento e evolução. Sua essência, porém, não muda nunca! Ela permanece com todo o legado de nossos ancestrais, os índios, os negros escravos e aqueles que foram marginalizados e abandonados à sua própria sorte pela sociedade.

Toda essa ancestralidade hoje é representada pelos espíritos de luz que trazem em sua essência o amor e os ensinamentos de Cristo, mas que, por meio das figuras de Caboclos, Pretos Velhos e Crianças, se despiram de individualidade e se vestiram com a túnica da humildade e sabedoria, retornando ao nosso plano para nos abraçar e nos conduzir por este esplendoroso caminho de luz: o caminho de Aruanda.

Certa vez, numa gira, Vó Maria do Rosário me contou uma passagem muito triste de sua vida enquanto encarnada, mas ao mesmo tempo edificante, que tocou fundo no meu coração, e não pude evitar as lágrimas diante do grandioso ensinamento que essa adorável Preta Velha nos transmitiu naquele dia. Em seu relato, ela me falou de uma das formas de amor mais preciosas e que, em minha humilde opinião, é a que mais se aproxima do amor que o Sagrado tem por nós: o amor de mãe.

Naqueles tempos de cativeiro a presença de uma mãe que pudesse dar amor e carinho aos seus filhos era muito difícil e dolorosa. Raros eram os momentos que os filhos podiam receber afeto de suas mães. Os trabalhos eram pesados na casa grande, assim como nas lavouras, e as mulheres eram submetidas a toda sorte de sofrimento e às mais cruéis restrições possíveis. Não eram donas de si, nada podia ser feito, apenas sentiam um pouco de alento quando cultuavam seus ancestrais e os Orixás.

Toda mãe que, em algum momento, conseguisse escapar dos afazeres diários, corria para senzala ou onde quer que estivessem as crianças e, independentemente se fossem seus filhos ou não, as abraçava, dava carinho e amor e dizia a todos eles: *"sinta todo meu amor em apenas um abraço"*. Por mais singelo que o ato pudesse parecer, essa era uma forma de mostrar àqueles pequenos que a força e a união de cada mãe eram presentes e que eles não estavam desamparados. Apesar das dificuldades da escravização, aquele abraço lhes mostrava que tinham famílias que zelavam por eles e que, acima de tudo, tinham o amor de diferentes mães, um pouquinho de cada vez, e assim cresceriam e se tornariam homens e mulheres corajosos e valentes.

É difícil imaginar essas cenas quando se tem filhos e não sentir no coração a mesma dor que Vó Maria do Rosário sentiu por tamanha crueldade. Para qualquer pai ou mãe de família, não poder abraçar seu filho sempre que quiser, não poder dizer que ama, dar afeto ou demonstrar carinho é algo inconcebível - quiçá, desumano.

Nesse dia, nossa amada Preta Velha terminou a gira com uma advertência para que estejamos mais presentes na vida de nossos pequenos e não deixemos que a rotina e a correria do dia a dia tirem de nós o maior e mais precioso dom sagrado: o amor pela nossa família.

Vejo neste relato tanta simplicidade, humildade e sabedoria que me faz pensar o quanto nós somos abençoados por nossa crença e nossa fé. Várias são as vezes em que compartilhamos momentos como esses, em que podemos aprender com os exemplos dos espíritos que estão conosco, e me atrevo a dizer que em nenhuma outra religião vivenciaríamos situações assim.

A Umbanda é diferente de tudo que já vivi em matéria de religião, justamente por ser este celeiro que abraça vidas. Sua doutrina não fala que você deve mudar o que é para fazer parte dela. Ao mesmo tempo, através das lições dos espíritos, te mostra que, se assim o desejar, pode se tornar alguém melhor e ser de Umbanda. Mas, "ser" é diferente de "pertencer". Devemos ser caridosos, amigos, bons filhos e, acima de tudo, sermos amor. Somente desta forma poderemos vibrar essa energia divina e sagrada em nossos corações e gritar bem alto quando todos os tambores ecoarem: *"Saravá, Umbanda!"*.

Para refletir...

Pensando a respeito das lições sobre AMOR aprendidas neste capítulo, responda para você mesmo:

De que forma minhas atitudes, pensamentos e palavras podem transmitir amor às pessoas?

_____
_____
_____
_____
_____
_____
_____
_____

Fechando o ciclo

O fechamento de um ciclo é um marco na vida de qualquer pessoa que se dispõe a mudar e a deixar que o novo se faça presente em sua vida. E, quando tratamos do assunto espiritualidade, todo final deve ser feliz! O encerramento/renascimento representa uma nova forma de ver o mundo e a realidade existente. Porém, todo este sentimento de renovação caminha junto com a coragem, audácia e sensatez.

Coragem para desbravar um mundo de possibilidades. Audácia para ir adiante e não aceitar as coisas da maneira que estão. Sensatez para saber o ponto de equilíbrio entre aquilo que é bom e aquilo que não nos beneficia.

Por tudo isso, desejo que este trabalho possa de alguma forma tocar o seu coração e que algumas das experiências que aqui foram descritas possam despertar sentimentos que lhe permitam renovar-se! Tenho certeza de que a espiritualidade conduziu este trabalho por ter um objetivo maior e é por meio destas palavras, frases e parágrafos, que ela se fará energeticamente presente na vida de todos que se sentirem tocados com o que aqui foi escrito.

Finalizo esta obra com um grande sentimento de gratidão por todos os que contribuíram para que este trabalho fosse realizado, seja encarnado ou desencarnado. É este sentimento de gratidão que me permite pedir que Exu nos proteja e guarde dos olhos alheios e dos corações impuros e cheios de maldade, e que nosso Pai Olorum, criador de tudo e de todos, em Sua Lei Maior e Justiça Divina, abençoe a cada um e nos envolva com sua força, poder e majestade.

Salve a Umbanda!

Para refletir...

De agora em diante,
quais transformações realizarei
em minha vida para
verdadeiramente alcançar a
felicidade junto a quem amo?

_____
_____
_____
_____
_____
_____
_____
_____

Mensagem de
Pai Joaquim de Aruanda

Meus filhos, bendito seja Deus e Pai, a luz criadora e divina que ilumina nossas almas com amor e sabedoria.

As suas angústias e dores são vistas pelo Todo-Poderoso. As lágrimas que dilaceram suas almas agora serão júbilos e alegria, porque sabem que a luz se faz presente no amor.

Que vossos caminhos sejam grandes e abençoados na iluminação de Cristo. Que a alegria seja permanente na prece e na oração.

Nós, os incansáveis trabalhadores da luz, estamos sempre trazendo os conselhos do alto, e é com amor que peço que vos atentai, meus filhos, para a grande obra da caridade. Para o perdão e para o amor ao próximo, principalmente nos dias em que a noite se tornar fria e a solidão sondar os vossos corações.

Fortaleçam a fraternidade, iluminem os corações dos irmãos nos templos de luz e estendam a mão para aqueles que necessitam e buscam acolhimento. Glorificai o Altíssimo e Seu nome, pois Nele encontrarão descanso e alento.

Que a paz esteja com todos vocês!

Pai Joaquim de Aruanda
Psicografado por Eduardo Lima
30 de dezembro de 2019

Oração da família

Querido e amado Pai Olorum, criador de tudo e de todos, invocamos neste sagrado momento familiar a Sua Lei Maior e Sua Justiça Divina.

Invocamos as bênçãos e as forças de nossos amados Pretos Velhos e pedimos que visitem nosso lar trazendo o amor, a paz e o equilíbrio, para que sejamos uma família feliz, amparada pela fé e por esses caridosos espíritos trabalhadores da luz divina.

Que Vossa sagrada manifestação livre nossa família de todas as energias nocivas que, porventura, queiram impedir que nosso lar seja amor e bondade.

Querido Pai Olorum, abrace-nos com teu amor, cubra-nos com teu poder e fazei com que sua luz resplandeça, iluminando nossos caminhos, nossa família e nosso lar.

Que assim seja e assim será!

Oração de proteção

Senhor das encruzilhadas, andarilho da noite e dos mistérios noturnos, clamo a vós nesta hora obscura de minha vida.

Que teu garfo quebre todas as barreiras que me impedem de evoluir nas sendas do destino e que me empurram à beira do abismo.

Que tua capa me cubra e me oculte dos meus inimigos carnais e espirituais. Que a poderosa chama da encruzilhada de fogo consuma as minhas fraquezas emocionais, mentais e psíquicas.

Poderoso Mestre Exu, adentre os abismos de minha alma, ilumine minhas sombras e me faça forte, ó Poderoso Senhor dos senhores.

Me guarde em todos os meus caminhos, pois somente em ti posso confiar minha vida e minha trajetória para, finalmente, atravessar os vales sombrios na certeza de seu amparo e de sua proteção.

Que assim seja e assim será!

Laroyê, Exu!

Ritual Familiar

na força dos Pretos Velhos

Materiais Necessários:

- ❖ 1 prato branco comum
- ❖ 1 vela branca de sete dias
- ❖ 50 ml de azeite de oliva
- ❖ 1 papel branco
- ❖ 1 lápis comum
- ❖ 3 tabletes de incensos de alecrim
- ❖ 1 cristal de quartzo branco

Todos os materiais devem estar disponíveis e dispostos no momento do ritual para maior poder de concentração.

Coloque o prato branco em um local seguro e de fácil acesso para que não haja risco com o fogo. Devemos sempre prezar pela segurança de nosso lar e de nossa família.

Como fazer o ritual:

1. Pegue a folha de papel branco e o lápis e escreva o nome de todos os membros da família;

2. Corte o papel em tiras, de forma que os nomes fiquem separados uns dos outros.

3. Coloque os papéis com os nomes dentro do prato branco e acrescente, por cima deles, um pouco do azeite de oliva até que estejam ligeiramente cobertos com o azeite.

4. Coloque a vela de sete dias no meio do prato, sobre os nomes.

5. A pedra de cristal branco deve ficar na frente do prato e os incensos devem ser disponibilizados da seguinte forma: um do lado esquerdo, outro do direito e um atrás do prato branco.

6. Acenda a vela e os incensos.

7. Faça a oração da família e seus pedidos aos Pretos Velhos durante os sete dias que durar a vela.

8. No final destes sete dias, descarte os papéis e o que sobrou do azeite e da vela em um jardim florido; guarde o prato branco para usar em outros rituais.

Sobre o Autor

Eduardo Lima é sacerdote, palestrante e pesquisador das culturas ancestrais, com foco no fortalecimento da religião através do trabalho filosófico. É adepto da Quimbanda Brasileira, cujo objetivo é louvar a ancestralidade e buscar o conhecimento acerca das culturas indígenas, negras e europeias que se fundiram no Brasil para a formação do culto de Quimbanda. Graduado em Administração de Empresas pela Universidade Ibirapuera com MBA em Finanças pela Fundação Instituto de Administração, Eduardo é conhecido nas redes sociais pelos pensamentos e reflexões sobre a espiritualidade.

UMBANDA
para Casais

Uma publicação da Arole Cultural

Acesse o site
www.arolecultural.com.br